봄밤의 연금술

정진희 시조집

목언예학

봄밤의 연금술

지은이 · 정진희
펴낸이 · 민병도
펴낸곳 · 목언예원

초판 인쇄 : 2025년 10월 20일
초판 발행 : 2025년 10월 25일

목언예원
출판등록 : 2003년 2월 28일 제8호
경북 청도군 금천면 선바위길 53 (신지2리 390-2)
전화 : 054-371-3544 (팩스겸용)
E-mail : mbdo@daum.net

ISBN 979-11-93276-35-8 03810

저자와의 협의에 의해 인지를 생략합니다.

값 12,000원

봄밤의 연금술

정진희 시조집

목언예해

■ 시인의 말

이 시조집은
한밤의 도가니에 부린
내 의식의 침전물이다.

봄밤의 연금술은
상실의 기록이자
사랑을 증류하는 의식이다.

이 시들이
슬픔을 정제한 언어의 결정으로
읽히기를 바란다.

그럼
내내
어여쁘시기를

2025년 가을
정진희

CONTENTS

봄밤의 연금술

PART 00 | **시인의 말** • 5

PART 01 | **봄밤의 연금술** • 11

    001 봄밤의 연금술 • 13

    002 상고대 • 14

    003 요강 • 15

    004 피자두 • 16

    005 그믐 • 17

    006 날개 • 18

    007 움 • 19

    008 쾌락의 쳇바퀴 • 20

    009 지진구 • 21

    010 호미 • 22

    011 다듬잇돌 • 23

    012 꽃뱀문장紋章 • 24

    013 수각집 • 25

    014 쇠모루 • 26

    015 암채 • 27

    016 윤문현상 • 28

— 정진희 시조집

PART 02 | **쥐바라숭꽃** • 29

   001 깽깽이풀의 죽음 • 31

   002 지칭개 • 32

   003 모란 • 33

   004 과꽃 • 34

   005 여뀌, 여뀌 • 35

   006 쑥개떡 • 36

   007 도꼬마리 • 37

   008 파꽃 프리즘 • 38

   009 부처꽃 • 39

   010 수레국화 • 40

   011 바늘꽃 편지 • 41

   012 콩 꽃 • 42

   013 광릉요강꽃 • 43

   014 지느러미 엉컹퀴 • 44

   015 억새 · 1 • 45

   016 억새 · 2 • 46

017   줄 • 47

018   쥐바라숭꽃 • 48

019   하늘타리 • 49

020   족두리꽃 13장 • 50

021   기생초 • 51

022   호박꽃 • 52

PART 03 | **인동당초문 암막새** • 47

001   뚜껑 있는 날의 완碗 • 55

002   고도리 석불입상 • 56

003   치미 • 57

004   왕의 뒷간 • 58

005   녹유 연목와 • 59

006   곡옥 • 60

007   인동당초문 암막새 • 61

008   거친 무늬 청동거울 • 62

009   수막새 • 63

010 **탑 속의 남자** • 64

011 **귀꽃** • 65

012 **석등** • 66

013 **슴베찌르개** • 67

014 **통가의 빗** • 68

015 **목천포** • 69

016 **비녀** • 70

PART 04 | **못** • 65

001 **늑대의 사과** • 73

002 **못** • 74

003 **공당** • 75

004 **부록** • 76

005 **삽** • 77

006 **닳아빠진 것을 위한 연구** • 78

007 **개 껌** • 79

008 **겨울나무** • 80

009 오스트랄로 피테쿠스의 베개 • 81

010 붉은 달이 뜨던 밤 • 82

011 찰스 번의 유골 • 83

012 산딸나무 • 84

013 홍시 • 85

014 고양이 중독 • 86

015 구월 • 87

016 굴뚝새 • 88

017 시체꽃 • 89

PART 05 | **작품 해설** • 91

봄밤의 연금술

봄밤의 연금술

늙은 새의 부리와 어부의 신발 한 짝
죽기로 작정한 어린 어미 어금니를
암매미 날개와 함께 도가니에 끓이는 밤

기울어진 마당으로 흘러내린 그늘과
댓돌에 걸터앉은 슬픔이 가증스러울 때
풍랑에 물 위를 걸은 그가 카시오페아를 건너왔다

산산이 조각난 나비의 잔상 깊이
벚꽃 잎 살점을 몇 개 더 집어넣자
물처럼 녹아드는 애간장 봄은 더 서러워졌다

상고대

불 꺼진 육신을 닫아주는 일이란
오래된 그의 대궁 속 늑대를 깨워
덜 마른 울음소리를
지피도록 두는 것

마음은 먼 먼 길을 잘 가고 있는지
칼을 세워 오는 밤 내가 울까 두려운 밤
서릿발 헛헛한 속에
고봉으로 얹히다가

육탈된 발자국 그 끝에 엉겨 붙어
눈꽃으로 서성이는 환청을 끌어안고
반음씩 올라가는 소리
부딪치는 흰 어금니

요강

그날 널 스친 후로 껍질에 닿은 걸까
뒷목이 서늘해지는 낯선 것의 감촉으로
탯줄을 목에 감고 나온
푸른 몸을 살핀다

팽팽하던 윤곽이 느슨해진 틈 사이로
낮은 귀를 접고 있는 시조새 둥근 알
어둠을 쓰다듬으며
가쁜 숨을 고를 즈음

나를 감고 재촉하는 허기를 둘러업고
그 저녁, 달 지도록 서성이던 윗목 어디
알 끈을 잡아당기자 툭
몸 깊은 곳이 풀려난다

피자두

잠시 네게 맡겨둔 바람의 혀를 벤다
싱싱한 간이 툭! 한 대접의 붉은 여자
뜨뜻한 그것의 몸은 비릿하고 들큰하다

창백한 남자가 수혈을 받는 동안
갈증을 빨아들인 여자의 신음을
붓끝에 칭칭 매달아 진사 부적 한 장 쓴다

이 여자의 살과 피를 맛보고 마신 자
그리움 속에 살거나 영원히 못 죽거나
수백 년 못 박힌 어둠 끈적하고 뜨겁다

그믐

무명베 울음 두 필
서성이는 귀 언저리
오래된 발 저림을 둘둘 말아 얹으면
귓속에 녹작지근한 장맛비 살비듬소리

어둠의 튼 살이 비늘처럼 일어설 때
물무늬 푸른 뱀이 옆구리로 기어들어
울체된 목 아래 거기 붉은 알을 슬었다

눈을 뜨지 못했다
남자인지 여자인지
가슴에 돌덩이처럼 앉아있는 그 눈빛
언젠가 내가 보았던 칠흑 같은 네 속 그믐

날개

비린 것도 아니고 슬픈 것도 아닌 것이
음력 유월 젖은 몸을 흙벽에 걸어 두고
내 허물 말매미 껍질 같은
얼개를 엮어낸다

윗목에 쪼그려 상실을 쌓을 무렵
단내가 날 때까지 어떻게든 붙들어도
귀진 곳 감각기관마다
아 성스런 생식의 밤

엇나간 그 뼈를 '날개'하고 부르자
실오리 풀려나간 먼 길 위 신발들이
퇴화한 꼬리뼈에 잇대
낡은 몸 일제히 편다

움

팽창하는 혀끝의 날렵한 방언 같았다
몸속에 몸을 들여 다시 태어나는 소리
배꼽 밑 깎아지른 절벽을
뜨겁게 달굴 때

그 밤의 끄덩이를 뿌리째 휘어잡고
수천 마리 각다귀에 물어뜯기는 아픔까지
살갗을 뚫고 터뜨린
샛노란 울음 저편

한 널벅지 쏟아낼 듯 바름 바름 바라지다
생육하고 번성하라 말귀 아는 여자가
풀릴 듯 풀리지 않던
몸줄을 확 당겼다

쾌락의 쳇바퀴

묘비를 걷어내고 번데기를 파종한다
전족의 분홍 발이 품으로 파고들어
벽장을 열어젖히고 확성기를 꺼냈다

고막을 불질하는 완행열차 발차 소리
쇄골을 다지는 부엌의 도마소리
틈틈이 미간을 패는 그리마 발걸음 소리

풀무 앞 붉은 눈들 와 하고 일어서서
굼뜬 몸의 득음에 갈채를 보낸다
석 달쯤 내 도가니에 매미 소리 그득하겠다

지진구

상강 무렵 운다는 미륵사지 당간석이
묻혀있는 반쪽이 다른 쪽을 부르자
부러진 남근 같은 것 안간힘을 쓰더란다

버틸 수 없는 무게로 묻혀버린 서동 집
그 슬픔 삼백 근, 그리움 삼만 근을
지신(地神)이 더는 못 견디고 돌려준 신의 물건

움켜쥔 흙 한 줌 엉겨 붙은 동전 몇 개
누군가 놓지 못한 통곡의 기억인가
모두 다 돌이 우는 날이면 창문 닫아 주더란다

*지진구地鎭具 : 국가의 중요한 건물 등을 지을 때 땅의 신에
 게 빌기 위해 매납하는 물건이나 제기祭器

호미

네 깊은 곳에 묻힌 점하나를 캐기 위해
간절한 각도였다, 참 오래된 손짓이었다
뿌리가 너무 깊어진 그리움이 문제였다

목을 늘인 부리 새 그 몸을 파헤친다
심장을 췌장을, 더 깊은 우리 관계를
죽음의 이슥한 곳까지 입술이 부르틀 때까지

너의 끝이 거기라면 얼마나 서글플까
날카로운 어금니에 딱 걸린 돌멩이
검은 눈 툭 내밀다 말고 와르르 무너진

다듬잇돌

저무는 쪽빛을 보듬고 산 적 있다
가슴안의 솔기를 두들겨 앉힌 그 죄
자궁 속 거푸집 자리에 마름하던 나이 즈음

고생대 골짜기를 우렁우렁 홅이다
몇십 년 간직해온 뒤꿈치를 바친 여자
주름진 기억의 강에 노둣돌이 되려는가

두들겨야 살아나는 매조키즘 배꼽 아래
삼베 한 필 다 건너도 닿지 않는 살 소리여
창백한 처용의 댓돌 위 가로누운 신발 한 짝

꽃뱀문장紋章
−천경자 생각

몇 벌의 여자를 껴입어도 추웠어.
목덜미 들어서면 겹겹이 잠긴 문이
꽃들의 경첩을 뜯고
비늘을 드러냈어

껍질 속 붉은 것을 신음으로 틀어막고
늪처럼 몸이 울었어, 깊이깊이 짓물렀어
울음을 베어낸 자리
배꼽이 떠다녔어

설익은 눈 속을 사다리로 내려갔어.
손톱을 물어뜯는 똬리 튼 내 길이
물 푸른 무늬를 찍었어
유혈목이 화인이었어

수각집*

물소리 두어 말쯤 끌어안고 살다가
그날의 울림으로 네 끝에 닿아본들
이 밤을
언제 다 넘을까
고개 고개 짚어본다

혹시 내가 가야 할 그런 길을 잊었을까
퍼내고 또 퍼내도 차오르는 물구덩이
생강 굴
구불구불한
어둠으로 감겨들어

눈물 많은 그녀 닮아 스쳐도 울 것 같은
눅눅한 울안 가득 번져가는 고깔제비꽃
고독한
붉은 행성이
엄마 집에서 젖고 있다

*터에 습기가 많아 항상 물이 나는 집

쇠모루*

사로잡힌 날들을 끌어안고 살다가도
깊이를 알 수 없는 몸속 불이 되살아나
덤불진 등성이 그득
들불로 번져갈 때

살에 스친 그을음 그 뾰족한 울음 몇이
스무아흐레 칠흑 구멍 수 십리 파 들어가
덮어 둔 우리 관계를
드러내는 민망한 밤

네 살빛 흐드러져 마디마디 범람해도
가랑이 풀무질 진즉에 꺼진 곳
꼬리뼈 댓잎처럼 운다
아프다, 아프다고

*쇠모루 대장간에서 부린 쇠를 올려놓고 두드릴 때 받침으로
 쓰는 쇳덩이

암채*

살 속에 새겼던 어둠을 지우려고
내 몸의 밖에서 나를 열고 심은 소리
달하나 숨기지 못하고 두 귀에 못 박힌 밤

누가 나를 톱질해 그의 끝에 세우고
서릿발로 문지른 기둥을 들이는지
서툴다 단사와 청화를 홑몸으로 받는 일

붉은 밤의 일들을 벗고 나서 돌아눕다
다 빠진 머리로 내 몸을 닦고 있는
그 남자 느려진 붓질 손목이 떨고 있다

*암채 : 광물질을 원료로 하여 쓰는 물감 단청 안료를 쓰기
 전 전채

윤문현상*

한 사람의 뒷모습이 경전으로 읽힐 때
가늘고 긴 가닥을 한 달여 들추자
끊어진 신경 다발 끝
흉터들이 매달렸다

나를 놓은 눈빛이 흔들린 그 이유가
고작 한 획 탓이라니 번진 묵 빛 덜어내자
몇 번을 지웠다 쓴 듯
덧대어 온 눈물 자국

천 번을 고쳐 써서 그리움이 다시 온들
꽃씨로 받은 네 언약 총알처럼 박혀 올지
아직도 전쟁 같은 나
까마득한 적진 속

*불경 번역 과정 문장 단어뿐만 아니라 전체적인 문장의 흐름
 까지 매끄럽게 다듬는 과정, 그 현상

쥐바라숭꽃

깽깽이풀의 죽음

꽃 속도 아니고
꽃 밖도 아니란다
저녁의 울음소리 거미줄에 묶다가
그늘에 몸을 숙이던
들꽃이 죽었단다

전라도 한 귀퉁이
존재를 찾던 풀이
천 길 속 빛의 늪에 몸을 던졌단다
오월이 등뼈를 열고
단숨에 품었더란다

지칭개

언젠가 그에게서 구원을 본 적 있다
열무 씨 한 개도 싹틔우지 못한 몸에
빠르게 번지는 변종
점점 나를 지배할 쯤

발아래 납작해서 비굴해 보였는데
바닥을 꽉 잡고 단단하게 퍼져있어
내 속을 꿰뚫어 오는
텅 빈 듯 꽉 찬 손짓

눈물 하나 샐 틈 없이 완벽한 자세였다
그 피와 살과 뿌리를 며칠 고아 마시고
열 몇 개 돌을 뱉어냈다
내 밭에 그가 왔다

모란

내 오랜 울음 깊이 내시경을 밀어 넣자

한 널벅지 자리 잡은 꽃 자줏빛 굳은살

사느라 밀쳐두었던 그 사람도 있었네

바늘 같은 시선들이 온몸을 헤집을 때

구멍 난 내 귀 자꾸 쇳물처럼 울어대고

그런 날 손톱을 세워 절벽을 뜯어냈던가

살이라 부르지 않고 몸이라 부르는

낭떠러지 중간쯤 아슬아슬 걸린 그 집

한 생이 통째로 붉어 잠 하나 이룰 수 없네

과꽃

붉은 달이 뜨기 전 일곱 개의 별이 왔다
그 빛이 몸에 들어 싹트기를 기다리다
속속곳 저 끝 모를 곳이 빌미가 되었을까

축축한 뒤안길로 사라진 뱀들이
나비의 눈을 먹고 껍질을 벗는 동안
가을 콩 노란 냄새로 깊어진 저 여자

굳은살 도려내며 둔덕 위 홀로 앉아
제 몸이 붙든 길을 어쩌려고 저러는지
밤에도 불을 켠 채로 떨림을 캐고 있다

여뀌, 여뀌*

저 바위의 시간이 잠에서 깨어날 때
신화의 둥근 껍질 벗어도 되는 그때
긴 혀가 새벽 내내 쫓은
구석구석 살진 몸

사타구니 즈음에서 시작된 작열감이
배꼽을 한참 지나 오목가슴에 닿은 정오
제 살을 천 개로 쪼개는
고치 속 여자의 방

널 위해 품은 얼레 결국 너를 감아 도는
수 백리 풀어낸 길 심지에 매어두고
붉은 알 한 무더기 슬어
입덧 중인 석 잠 누에

*여뀌 : 한해살이풀 잡초

쑥개떡

둥근 귀를 접고 있는 명아주의 몸에서
여름비를 끄집어내 확독에 담는다
가문 쑥 물을 머금고 눅진눅진 몸 치댄다

장맛비 들이치는 마루 끝에 나앉은
어머니와 어머니가 나와 내 딸이 또 그 딸이
찰지게 한 몸이 되어 떨어질 줄 모르는 날

도꼬마리

우리가 서로에게 가시를 심었을 때
삼키지도 못하고 뱉지도 못한 그 불
귀솟음 울음 집 앞에 그림자로 앉았다

수수처럼 붉어진 그 남자가 오늘도
수막새 늙은 끝동에 갈고리를 걸고서
아직도 꺼지지 않는 불길 속에 서 있었다

다 닳은 관계로 망치질을 했는지
흘러내린 옆구리에 톱니처럼 박힌 말
속곳에 앙가시로 돋쳐 널 찌르며 죽고 싶다고

파꽃 프리즘

모서리를 모두 없앤
둥근 무늬 그 집

첨성대 한쪽을 초승으로 기울여
내 꿈의 돌계단으로 어둑어둑 짚어간다

아 어둠의 알싸한 맛
발끝으로 빠질 때쯤

나는 네 그림자를 부서지게 안는다
맞배집 배흘림기둥, 파 꽃의 힘이다

부처꽃

무두질로 저 어둠을 긁어낼 수 있을지
둥근 모따기 한 다발 닳도록 문질러도
구석기 어느 백중날
가락바퀴 밑창 같은 날

내 몸에 새긴 길을 뼈바늘로 꿰매는 밤
종소리는 흩어지고 힘줄 외로 꼬이다가
시렁 위 씻어 얹은 호미가
자꾸 눈에 불을 켠다

털들이 모두 선다, 가죽이 꿈틀 댄다
자비란 없는 것인가
제 입을 꿰맨 여자가*
천수경을 읊고 있다

*2022 5 6 newsis 뉴스 푸틴 우크라이나 전 침묵 강요에 자기 입을 실로 꿰매 항의한 러 여성

수레국화

이 여자의 배꼽은 너무나 깊어서
지중해 아래로 일주일쯤 더 내려가
수차를 닳도록 돌려도
닿지 않는 동정녀

소쩍새가 제 울음을 봄 내내 묻은 자리
허망한 존재 하나 배꼽을 빠져 나와
한 백 년 전차를 몰고
마침내 온 불멸의 씨

바다의 심장 소리 어둠을 질러오다
양막을 젖히고 첫 아이로 우는 순간
네게서 깎여나간 손톱도
달로 뜨는 아 밤의 역사

바늘꽃 편지

그믐밤이 제 슴베를 대천문에 박네요
마음의 분화구에 아귀가 딱 맞아
잘 드는 조선낫 한 자루 어둠을 곧 베겠어요

세상은 늘 어지럽고 나는 또 뾰족해져요
나 하나 지키자고 온몸이 바늘일까?
당신이 올 때까지만 혀끝을 세울래요

웅크린 이 육신 땅 한쪽을 끌어안고
한 육십 년 몸부림친 생각도 잘라 낼지
나는 또 남은길을 내러 무릎을 꿇겠어요

콩 꽃

내 울안 쌓아 올린 수백 단의 달빛을
까맣고 동그란 눈빛에 쏟아붓자
호미 끝 가파른 길이
한나절 더 내달았다

발끝을 세운 채 밭둑으로, 밭둑으로
신발을 벗어 던지고 몇십 리를 더 들어가
치대는 너의 마음 가
뒷모습을 보았다

삭아가는 그 어깨 위 올이 풀린 날개가
내 콧등에 시큰시큰 빗금을 그을 때
둥근 귀 동부콩 아래
나비들이 깨어났다

광릉요강꽃

할례를 받지 않은 이교도의 혀끝으로
고양이 울음을 쪼개고 쪼개 가면
광릉숲 바다 저 깊이 슬픔을 캘 수 있다

칠 년쯤은 절여서 한 십 년은 묵혀서
귓속에 점화하는 설운 것을 비벼 끌 때
부엉이 수십 마리가 어둠을 파고 있다

내 몸이 감응하는 부전나비 날갯짓은
저 힌두의 골짜기를 쉼 없이 넘어와서
하반에 풀무질해댄다, 시바가 눈을 뜬다

지느러미 엉컹퀴

물결을 공글리며 머리뼈를 세웠다
일곱째 나팔수가 성벽에 올라섰고
새들은 참 부지런히 어둠을 퍼 날랐다

몇 마리의 전어들을 꺼내고 또 꺼내도
뱃속에 끝없이 몰려드는 고기떼는
내 마흔 등성이까지 그득그득 구물댔다

황등역 막 지나서 붉어진 나팔 소리
죽지를 잘라 내는 날카로운 파열음이
내 몸속 비린내를 찾는다. 비늘을 열고 있다

억새 · 1

희끗한 마음 하나둘
네게 가 닿는 저녁

바람의 등뼈를
붙들고 일어서는

다 저문 사랑 하나가
귀 바짝 세우는 중

억새 · 2

슬픔의 밑바닥까지 내려가 본 적 있다
허리까지 빠진 나를 끌어 잡아당겼고
절대로 놓지 않을 듯 악물고 흔들었다

미열이 남아있던 그때 그 마흔 즈음
벌거벗은 신앙을 내놓을 용기 없어
옆구리 깊숙한 곳에 숨겨둘 때였다

의심하고 또 의심하라 내 안의 도마들
발목을 타고 올라 정수리에 몰려들어
폭발한 일만의 뇌관 하얗게 타는 노래

줄*

내 몸에 박힌 칼을 쉽게 뽑지 못한 것은
녹이 슨 사랑조차 피를 썩히다가
꿈까지 파먹어 버린 파상풍 열기 탓이다

웅덩이 깊숙이 섭간하고 누운 밤
두 눈을 꽂아둔 피뢰침 꼭대기는
어쩌면 벼락같이 올 네게 띄운 봉수였다

*줄 : 강이나 하천 물웅덩이에 자라는 여러해살이

쥐바라숭꽃*

봉인이 풀린 편지 도착한 만경다리
두 번째 나팔 소리가 강물에 풀어지고
제 살을 겨누던 날에
항상 한발 늦던 나는

다리 위 별 내려와 세상에 부딪힐 때도
지척의 시간이 사라지곤 했을 때도
끝내는 결정 못 하던
장애들이 매달렸다

엿가락 휘어지듯 갈피 없는 기억 저편
노랗게 새겨 넣은 거룩한 이름이
온몸을 덜컹거리며
눈물 속을 지나갔다

*윤흥길의 단편 「기억속의 들꽃」 세상에 없는 해바라기 닮은
 노란 꽃 만경강 다리에 피어있던 꽃

하늘타리

치마 속에 비밀을 감춰온 여자가
단단히 빗장 질러 얹어 둔 쇄골 아래
태 속에 길들여 온 소리 가다듬는 어스름

딸들이 나이 들며 어머니를 닮는 것은
탯줄이 아직도 닿고 있는 것이라며
배꼽이 쏟아지지 않게 허벅지를 조인다

아삭아삭 젖 돌아 사방을 풀어먹일
어머니 몸 끝에 단내가 깊어질 때
그 여자 서른 겹 치마가 초승달을 풀고 있다

족두리꽃 13장

염장한 말 하나가 곰삭을 유월 즈음
불에서 태어나 화가 많은 저 꽃대궁
도가니 쇳물 부은 듯 끓어오를 때였다

겁 없이 빤히 보던 깡마른 그 여자가
보리밥을 쓱쓱 비벼 막 입에 넣을 때
가르마 그 먼 길을 따라 기억이 돌아왔다

열아홉 이랬던가 엄마가 된 나이
그중에 제일은 총총 엮은 사랑이란 말
가시관 눌러쓴 이마에 핏물이 배어있다

기생초

상처를 긁어내는 늙은 목수 대패질에
어머니를 씻기던 여름비가 굵어진다
당신을 끌어다 덮어도
오금 저린 그런 날

봉긋한 분첩 소리 아득한 분 냄새에
문갑을 다시 열고 꺼내든 낡은 어머니
툇마루 묵은 결마다
콩물을 먹이신다

박가분* 한 통도 다 못 쓰고 간 탓에
언덕 위 흐드러진 향기로 온 것인지
선잠 든 내 흉터 위에
분칠을 하고 있다

*1916년 상표 등록한 한국최초의 화장품

호박꽃

어머니 나는 왜 귀가 자꾸 열릴까요
어제는 그리마가 오늘은 돈벌레가
내 몸의 극지를 오르다
가쁜 숨을 쉬네요

고흐의 꽃들을 보고 왔을 뿐인데
물소리 바람 소리 골방까지 차오르고
수백 개 나팔 소리
부풀어요 어머니

이제야 당신을 달팽이관에서 꺼내요
뜨겁고도 아득하게 웅크린 노란 감옥
탯줄을 잘라주세요
내 귀를 잘라주세요

인동당초문 암막새

03

뚜껑 있는 날의 완碗

여자의 입술이 파르르 떨렸다
온전히 믿어온 한 사람의 마음조차
맨발로
불 위를 걸으며
태워버린 날이었다

거미막을 헤치고 기억을 윤색한들
적심 석 빈자리에 고이는 아침은
덮어도
들켜버리고
끝내 타지 않았던가

감춘다고 다 지울 수는 없는 법이어서
유장했던 전라를 왕궁리에 심은 자리
낮달이
수각집에 눌러 쓴
봄까치꽃 입춘방

*뚜껑 있는 완 : 익산 왕궁리 출토 백제 최고 기술로 만든 유
 개완有蓋碗

고도리 석불입상*

결정 장애 탓일 거야
루비콘강을 두고
건너가지 못하는 건 날이 좋지 않아서야
어젯밤 내 귀에 꽂은 달콤한 거짓말

올 거야 말 거야
들바람이 채근 대다
목 짧은 남자의 갓 위로 올라설 때
내 안을 꿰뚫는 떨림에 닿았어, 분명했어

가까이 오지 마
다시는 사랑하지 마
돌옷이 찢겼을까 젖어있는 손톱자국
창백한 조선낫 하나 그 여자의 눈빛 같은

*고도리 석불입상 : 익산 왕궁리 유적

치미*

천문을 따라나선 길상의 아이들이
소리를 깎아 세운다
바람 끝에 매단다
젖혀진 허리의 각도가 딱 좋다 절정이다

피리를 부는 나는 푸른빛의 새였다
미륵사지 승방 위
적멸의 깃털들이
올올이 곤두선 채로 막 튕겨 오를 참이다

붉은 달이 오는 밤, 몸의 집이 뜨거울 때
간절한 등뼈들은
잠을 잃어 휘어지고
아득한 너의 절벽은 그 소리를 다시 세운다.

*치미 : 고대의 목조건축에서 용마루의 양 끝에 높게 장식하던 장식기와

왕의 뒷간*

저무는 여자의 치마를 끌어당기자
왕궁리 뒤 그늘이 골무를 벗는다
양막을 열어젖히고
미끈한 저 주름 틀

발톱을 드러낸 고양이 울음들이
웅크린 녹두 빛을 치골 아래로 치댈 때
나는 더 버틸 수 없어
나를 조금 덜어낸다

뱉어내지 못하는 말 이리 쌓여 있었던 거야
뒤집을 응달 하나 살의 끝에 매달려서
묵혔던 어둠을 낳는다
뒤끝 참, 개운하다

*익산 왕궁리 화장실 유적

녹유 연목와*

내 몸속 세워둔 돌탑이 흔들릴 때
저물녘 회랑에 미륵으로 들어앉아
이슥한 치골 아래로 아득함을 치댄다

닿을 듯 닿지 않는 저 행성의 초록빛이
유리의 진언으로 흙의 혼을 일으킬지
속살을 여미는 붓질 손끝마저 떨리고

하루가 천년 되고 천년이 하루라도
당간지주 귀 끝에 더운 몸을 걸었을
서까래 긴 목에 남은 그 푸른 관능이여

*녹색 유약 익산 미륵사 서까래 연꽃 기와에 사용

곡옥

젖무덤을 파고드는 탱탱한 달의 냄새
야무진 입술 모양 오물대는 어린것이
내 자궁 오래된 여자를 흔들어 깨운다

배꼽을 두드리는 다급했던 순간들
걸어 잠근 돌벽 위 긁힌 자국 선명한
자신을 불이라 여겼던 여자가 식어간 방

석창포 모스부호 내가 받은 신호들
태아와 부장됐을 저 어미가 보낸 것일까
애간장 끊어졌는지 몹시 굽은 뼈 한 조각

인동당초문 암막새*

불에 던진 이름을 그을린 그 어둠을
잿물로 닦아내는 눈 밑 검은 저 여자는
어쩌면 광대뼈도 닦아 기억을 밝힐 것이다

제석사지 앞마당을 열 바퀴쯤 돌았을까
내 팔에 휘감긴 여자의 당초무늬
몇 달째 거치적거리는 뒤꿈치를 잡아챈다

눈을 뜰 수 없었다, 그림자를 밀쳐낸다
예순이 넘었는데 소리의 냄새라니
언젠가 네게서 나던 불에 지진 자국 같은

*익산 제석사지 출토 1400여 년 전 백제 말기 사용된 기와, 세계최초

거친 무늬 청동거울*

짓눌린 그 입술에 내 떨림을 입힌다면
도가니 풀무질로 아득함도 녹여낼지
눈앞이 캄캄해진 날 손금을 지져본다

귀 트여 너를 듣는 민망한 무렵 즈음
불 속을 뛰쳐 나와 쇳물처럼 들끓었을까
시퍼런 이끼 같은 세월 그 더께가 보일 적에

고을개* 바로잡아 울음을 잡아내도
자꾸만 흐려지는 백여 리 눈빛 깊이
어떻게 살아냈을까 싶은 그 여자의 녹슨 얼굴

*뒷면이 굵은 선의 톱니무늬 따위로 장식된 거울. 잔무늬 거울보다 조금 먼저 나타난 거울
*고을개 : 용융된 쇳물 위에 뜬 불순물을 거두어 내는데 사용하는 기구

수막새

중심이 흔들릴 때 꽂아둔 이십팔 수
춘분 날 초저녁이 민 흘림에 기대서자
기억을 들어내던 여자
눈 밑이 축축하다

사는 내내 정말로 아무 일도 없었냐고
미륵사 금당지에 오죽하면 바락바락
묻혀서 나오지 말라고
두 발을 굴렀을까

무너진 억장을 다시 엮는 일이란
흘러내린 마음을 막아주는 일이었다고
왕국을 잃어버린 여자
별빛을 닦고 있다

탑속의 남자
―왕궁리 금동여래입상

얼굴은 둥근 편 고개를 약간 숙인
그날 밤 그 사람을 보신 적이 있나요
가슴이 아주 많이 파여 젖은 마음 다 보이는

자꾸만 열이 나는 아흐레 내 이마에
녹슨 눈빛 모두 긁어 두어 말 올려두고
벗어둔 그림자 챙겨 서방 정토 간다 하던

남자가 우는 것은 나 때문은 아닌지요
오른뺨을 맞고도 왼뺨을 내줬다니
긴 어둠 닦아주지 못하고 유난히 말 더딘 날

귀꽃*

온몸에 귀를 달아 길 끝에 세운 날은
살 깊이 파고드는 빗살무늬 성근 떨림
어금니 악문 사이에
각을 세워 고인다

닫히는 나는 자꾸 아득함에 불붙이고
날것의 비린내 그 온전한 목젖 아래
하루 새 덤불진 이름
단번에 살라버린다

죽음이란 얼마나 들키기 쉬운가
마음의 단층 사이 빈 계절을 찾아내
저 여자 시간의 문을 연다
꽃들이 붉어진다

*석등이나 석탑 부도 등의 귀마루 끝에 새긴 꽃 모양의 장식

석등

어둠의 눈이 뜨여
돌 속의 불을 본다
이 사람은 도대체 어떤 삶을 살아왔기에
제 살을 깊이 파내고
혼의 지문 심은 걸까

화사석 사이사이
엉겨 붙은 눈물 자국
못 박힌 남자가 그 손으로 씻을 때
그을린 부지깽이까지
씻어주고 싶은 날은

꺼졌다가 불현듯
되살아난 불씨 하나
소문으로 바람으로 몽유하듯 너를 찾아
미륵사 어두운 회랑지를
더듬더듬 걷고 있다

*지금까지 확인된 우리나라 최초의 석등은 미륵사지 석등이다

슴베찌르개*

눈자위 붉은 돌의 손톱 밑을 더듬는다
고도를 낮춘 별이 알타미라 벽화마다
뾰족한 눈빛을 두르고
어둠을 갈고 있다

그림자의 냄새 구멍 용케도 찾아내어
돈벌레의 발가락을 구석구석 찌르는가
칼등의 내 아픔 끝에
별들 진다 아리다

*끝이 뾰족해서 찌르거나 가르는데 사용된 구석기 시대의 돌
 도구

통가의 빗*

몸 깊이 샘을 판다 관정기계 저 진저리
귀를 접고 서성이는 통각을 안자마자
머리끝 무게 없는 새 울창한 발굽 소리

더 많은 어둠을 심고 전차를 돌려대는
박멸된 사면발니가 사각대는 윗목에선
들끓는 푸른 이름들이 엄마 젖을 빨아댄다

일어나 일어날래? 배꼽을 끌어올려!
검붉은 혓바닥이 끌어 올린 물 한 방울
내 살에 널 새기는 밤 네가 올까 두려운 밤

*2700년 전 통가에 인골로 만들어진 문신용 빗

목천포*

으억새 으억새 단발머리 소녀들이
만경강 가는 뼈를 바람에 씻을 즈음
꼬리에 꼬리를 물고 기차가 달려왔다

울음의 껍질까지 훑어낸 갈퀴 끝이
밭은 기침 소리로 그 어둠을 견디다
그 소녀 쥐바라숭꽃*을 새벽 끝에 세울 때

팔뚝에서 몇 줄기 힘줄을 뽑아 들고
어금니가 휘어지도록 흔들다 흔들리다
아직도 몸 다한 줄 모르고
기적소리 붙든다

*익산시 목천동 일제 강점기 일제가 곡물을 수탈하기 위한 통
 로로 준공한 다리
*윤흥길 「기억속의 들꽃」

비녀

초승달 하나 먹고 그 밤의 뚜껑들이
꼭두서니 빛으로만 기억을 짓찧어
어머니 노루잠 깊이 걸쇠를 질렀을 때

여자로 수감되어 무기(無(期))로 늙어가다
한 대야씩 쏟아낸 그늘뿐인 수형 내내
나는 왜 그 빗장을 뽑고 꺼낼 수가 없었는지

에미는 죄인이지 여자가 아니여
밥상 아래 두시던 가시뿐인 명태 머리
명치끝 서쪽에 꽂혀 화닥화닥 들끓는 밤

못

늘대의 사과*

내 안의 짐승을 깨우는 밤이었다
화농을 파내고 채워 넣은 진저리
며칠을 비루먹은 듯 정절을 잃은 듯

그 밤의 살점을 물고 흔든 송곳니에
심장과 양쪽 폐가 녹아내릴 때까지
뼈들이 어긋나는 소리 붉고도 뜨거웠다

발끝에서 시작된 불완전한 용솟음
괴어오른 그것에 으슥함을 맛보다니
통째로 갈아 넣은 연민이 늑대처럼 울어댔다

*토마토

못

한밤에 젖을 만지네, 납작한 온기 한 점
꼭지뿐인 벼랑박을 더듬어 오르다
부르튼 자색 허기로
골수까지 가 닿았네

빨려든 까칠한 밤, 젖 대신 입에 고인
끈적한 네 어둠 매작지근한 체온으로
광야를 어찌 견뎠을까
사십 일째 뜬눈이었네

그의 손에 박힌 달빛 조금씩 붉어지고
윗목으로 골고다로 다시 그를 밀쳐두네
아찔한 구멍 곳곳이
쓸개보다 씁쓸했네

공당*

무성한 여름빛을
낫으로 칠 때였나
살갗을 할퀴고 간 옥수수잎 손톱자국
그것이 초록의 독을 내 몸에 심었던 거야

무수히 뒤척였을
도드라진 푸른 힘줄
아득함을 놓친 채 소스라쳐 튕길 때마다
귀에 밴 모든 말들이 서걱이며 울었던 거지

반은 죽고 반은 살아
내 하루를 좀먹는
홑겹에 엉겨 붙은 체체파리와 날개미 떼
슬픔도 태워버릴 듯 불볕 알밴 날이었어

*아무도 없는 쓸쓸한 마루나 집

부록

남자의 발을 닦고 입을 맞춘 여자의 죄
티벳 동쪽 기슭에 깃발로 내걸릴 때
오늘도 내 머리카락
한 움큼씩 빠진다

고산족 앞치마에 올을 엮어 살아볼까
삼단 같은 마음으로 새도록 짜 넣어도
떠나간 내 몸의 끝은 영영
돌아오지 않는 새벽

늙지 않아 죽지 않아 시들지도 않을 거야
변명이라 써놓고 번외라 읽힌 말을
눈 감고 한 천 년 묵힌
살 속 깊이 묻는다

삽

사압하고 부르자 살 깊이 파고든 손
욕망을 파내고 수국을 심어주던
그 여름 황폐해져갈 때
내게 온 말씀 같았다

빌라도는 손을 씻고 나는 삽질을 한다
작은 키 오그라든, 딸 가진 일급죄인
자루가 부러지고 나서야
삽을 놓은 아버지

발목까지 다 드러난 내 마음의 등성이를
그늘을 엮어지고 골고다처럼 오르시다
다 닳은 삽날 같은 눈빛
능선 환히 밝히신다

닳아빠진 것을 위한 연구*

시간이 저 남자를 축냈을 것이다
좀먹어 부스러진 어깨에 올라타
허리를 구겨버리고 머리칼을 뽑았을 테지

바람만이 아니었나 자신을 깎아낸 것
꽉 움켜쥔 모래 세상, 절대 고독 그림자가
등짝을 훑어내리고 힘줄을 벗겨냈을까?

꺼질 듯 희미한 눈 발끝을 감싸 쥐고
거미줄 엉킨 몸속 어둑어둑 짚어간다
다 닳아 얼개로 남은 아! 구름보다 가벼운 집

*고흐의 최근 발견 작품 [닳아빠진 것을 위한 연구]

개 껌

핥아 봐도 텅 빈 소리 목마른 네 목뼈쯤
고봉으로 얹혀 어느새 굳어진 슬픔
씹어도 씹어지지 않고
입속을 겉돈다

매 끼니 반찬으로 때로는 간식으로
침몰하는 마당 한 채 턱밑까지 끌어올려
앙상한 그리움의 증상
찾아내는 얇은 입술

살진 사랑 한 점이 남기고 간 그늘 아래
송곳니 들이밀다 마주친 골수 끝에
먹먹한 질긴 말 하나
목젖으로 걸린 날

겨울나무

옷을 벗자 앙상했다 흙으로 살졌던 몸
죽은 자로 하여금 장사지내게 하라더니
딱지로 엉겨 붙은 거기
눈물이 흥건하다

수없이 까무러쳐 내 끝이 아득해질 때
언 몸에 너를 새겨 쓰고 또 읽느라
부르터 얼얼한 입술
수피 끝 된바람 소리

오래된 떨림 같은 온기를 되짚으며
노숙의 능숙함으로 가시덤불 벗기는 밤
굽었던 환도를 빼들고
비명처럼 등이 선다

오스트랄로 피테쿠스의 베개*

하루를 살아내는 일 그에게도 버거운지
팔 대신 돌을 베고 꿈을 꾸던 야곱이여
굵게 쓴 상형문자가 뒷머리로 읽힌다

깊은 밤 맨발로 신탁이 오는 시간
눈 밑이 그을린 움집을 허물고
산들이 푸른 바닷물이 떼 지어 왔다던가

그때가 사백만 년 전 까마득한 어둠으로
돌베개 그 남자를 가만히 부르자
뒷목이 꽤 서늘하다 시간이 돌아본다

*인류 최초의 베개 돌베개

붉은 달이 뜨던 밤
-2022년 11월 8일 개기월식

쪽동백 벗은 수피
사랑으로 읽힐 때였다
여자의 머리끈을 젖꼭지에 꿰맨 남자*
보름달 바짝 끌어안고
그림자로 앉아 있다

피로 적신 가슴이나
충혈된 달빛으로도
벌거벗은 마음을 다 덮을 수 없어
천왕성 내력을 걷어
아랫목에 깔아준 날

그녀가 없는 세상
지옥이여 문을 열라
붉어진 외마디가 도화선이 되었는지
살라도 살라지지 않던
어둠 한 채 타고 있다

*주석내용이 없음

찰스 번의 유골*

거미막을 헤치자 태아처럼 웅크린 뼈
젖은 잘 감싸 안고 눈도 뜨지 않은 채
그을린 어깨 한쪽이 마르다 못해 무너졌다

잊혀 질 권리를 도둑맞은 200년
불빛 아래 벗은 몸을 혼으로 감싸본들
각다귀 벌건 눈빛에 뜯겨나간 그의 시간

바람 소리 맺혀서 한 발짝도 가지 못한
육신이 사라진 사랑조차 놓아준 길
밤마다 혼자 울던 그가 편한 잠에 들겠다

*200년이 넘는 세월 동안 박물관에 전시됐던 '아일랜드 거인'
이 마침내 영원한 휴식을 얻게 됐다. 국민일보 2023/01/14

산딸나무*

왜 하필 나였을까 헝클어져 살았다
몇 날을 울부짖어도 몸이 식지 않을 무렵
허리가 끊어지도록
간절했던 그가 왔다

그 남자를 사랑했다, 층층이 찬란했다
뼈 중의 뼈 살 중의 살이었던 온전한 것
무게를 이기지 못한 마음이
결국 그를 놓았다

그리움의 밑바닥을 얼마나 더 내려가야
당신의 첫울음에 마주할 수 있을지
전이된 뜨거운 피로
붉게 익은 계절이었다

*예수의 십자가를 이 나무로 만들었다

홍시

점멸이 시작되어 한 생을 여미는 일
감나무 밑동에 풀무질하는 그런 날은
데인 듯 화닥이는 등짝에
무서리를 얹는다

에덴으로 가는 열차 그 가을을 지날 무렵
너의 맘 간이역을 아무리 둘러봐도
그곳에 왜 없었을까
우리가 심은 말들

벗어둔 겉옷이 혼자 늙어 바스러져도
끝끝내 놓지 못한 그리움의 끈 같은
붓끝에 타는 눈 매달아
눌러 쓰는 아 붉은 시

고양이 중독

아주 가끔 네 귀에 속삭이고 싶었어
걱정을 겪은 아침, 푸른 것에 대하여
두 눈을 흠뻑 적시다가
털끝을 세울 테지

달콤하고 신선하며 능숙해진 긴 혀로
손바닥을 핥다가 어둠을 올라타면
몸속은 스멀거리는
모과 향에 젖을 거야

달빛은 파묻을까 그늘까지 낚아챌까
그림자의 그림자를 잡으려 곧추서자
허리를 관통하는 절정
휘어지는 초승달

구월

누군가 망치로
내 머리를 부수는 밤
바위 같은 울음을 쪼개고 또 쪼개는
실금 간 늙은 귀로부터 도망치고 싶었다

남자의 굽은 등은
능선처럼 평온했고
껍질뿐인 숨소리 등뼈 속을 들락이자
잘 익은 그의 살 냄새가 내게로 엎질러졌다

삼켜오다 뱉어낸
그 울음 몇 토막
그것이 말인데도 다발 째 살에 스며
구멍 난 복사뼈 아래 연민으로 번져갔다

굴뚝새

서쪽으로 가는 길 끌어안고 매달리자
이불 덮은 오한 증상 연기처럼 사라지고
창문은 동틀 무렵부터 물컹물컹 물러졌다

천둥 울던 어젯밤, 불 속에 있었을 때
내 아득한 곳까지 쫓아오던 어둠의 눈
보릿단 군화 소리에 화르르 달아났다

발 저는 새 한 마리 벽사로 앉혀 두고
울지 않는 귀를 위해 깃발처럼 숨어든 곳
무저갱 깊은 곳까지 쪼아내고 있었다

시체꽃*

금단의 열매를 맛보는 게 아니었어.
아가미가 동굴 같은 두 개의 푸른 탯줄
산더미 서넛의 부피로 남자를 덮쳤거든

말라붙은 사랑조차 몸에 익은 욕된 날
거미줄 친 음부 속이 부글부글 끓더니
그늘을 잉태한 옆구리로 뱀의 혀가 돋은 거야

불완전한 여자가, 낳고 기른 의심 한 촉
진저리 쳐봐도 파리 떼가 꼬이는데
살아도 사는 게 아닌 날, 나는 그의 덫이었어

*시체 썩는 냄새, 멸종위기 세상에서 제일 큰 꽃

작품 해설

별을 부르는 리모컨,
혹은 상상력의 힘

민 병 도 | 시조인

1

 모든 시는 시인이 전하고자 하는 메시지를 효과적으로 전달하는 수단으로 선택한 문자의 조합과 문장을 구성한 결합구조이다. 따라서 시를 대할 때 가장 우선시되는 관심사는 무엇을 전달하려고 하는지에 대한 목적과 진정성이라 할 것이다. 곧 주제가 될 것이다. 그리고 이 주제를 공감하게 할 물상이나 사건을 소재로 선택하여 독자의 관심을 자극하게 된다.
 그다음의 관점은 왜 그런 주제를 선택하였는가에 대한 정신적 바탕과 미학적 지향점이다. 이 부분은 시 정신의 골격을 이루는 요소로 시의 매우 중요한 생명력이라 할 것이다. 이는 시가 오랜 역사성에서 배제되거나 배척되지 않고 의미 있는 시대적 필연성과 만나게 되는 매우 중요한 가치라 하겠다.
 세 번째 감상의 포인트는 그 주제의 효과적인 전달

방편으로 어떤 단어를 선택하고 어떤 미학적 장치를 활용하였는가 하는 표현의 부분이다. 전달 효과를 높이기 위한 다양한 장치와 표현의 기교가 모두 여기에 해당할 것이다. 외형이라든가 언어의 선택과 비유의 방법 등 그 수단은 매우 다양하다.

이 세 가지 시의 구성 요소를 어떻게 적절히 배분하여 완성도를 높이는가 하는 문제는, 그러나 결코 쉽게 풀어낼 수 있는 일이 아니다. 주제나 착상의 배경을 지나치게 강조하면 목적시가 되고 말 것이고, 표현에 치우치면 성형, 혹은 AI 미인과 같이 품격을 담보할 수 없기 때문이다. 그런데도 미디어의 확장에 따른 오늘의 시류를 감안하면 지각知覺 보다 시, 청각視,聽覺에 민감하여 감각적인 전달에 익숙해지면서 메시지 전달의 목적에 반하는 자위 수단으로, 표현만 있는 퇴행을 거듭하기도 한다.

효과적인 시 완성도에 접근하는 또 한 가지 요소를 덧붙인다면 시의 위의威儀에 대한 바른 관계 설정이 있을 것이다. 시인과 독자 사이에서 자기 생각과 뜻을 전하는 방법에 따라서 그 결과는 판이하기 때문이다. 어떤 시인은 일방적으로 자신이 하고 싶은 말만 끊임없이 되풀이하고 또 어떤 시인은 상대가 들고 싶어 하는 말만 골라 거듭하기도 한다. 하지만 정작 좋은 시는 듣고 싶어 하는 말에 있는 것도 아니요, 하고 싶은 문장에 있는 것도 아니다. 꼭 해야만 하는, 하지 않으면 안 되는 사실을 보편화하여 전달하는 것이 시의 본질적 실천이 될 것이다.

2

이번에 두 번째 시조집을 묶은 정진희 시인의 『봄밤의 연금술』을 대하면서 문득 그의 시조는 어떤 가치를 지향하여 자신의 사상적 가치를 독자들과 공유하려고 하는지 궁금해졌다. 왜냐하면, 정진희는 2017년 동아일보 신춘문예에 시조가 당선되면서 화려한 플래시 세례를 받았고 3년 만에 첫 시조집 『왕궁리에서 쓰는 편지』를 출간한 바 있기에 이번 시조집에서는 어떤 방향성을 제시할까가 관심의 초점이었기 때문이다.

이번 시조집에 실린 71편의 작품을 일별해 본 결과 우선 감각적인 언어 조합과 참신하고 다양한 비유법을 활용한 표현력에서 강한 개성을 읽을 수 있었다. 어느 한 작품도 기존의 길들인 비유나 표현을 빌리는 타성에 경계를 소홀히 하지 않았고 다양한 소재의 존재가치에 접근하는 정진희 식의 궁리를 읽기에 충분하였다. 그의 연치나 습작 과정, 문학 활동을 고려할 때 시조에 관한 공부가 그에게 어떤 비중인가를 충분히 일깨워주는 진정성을 엿볼 수 있었다.

이제 앞서 언급한 대로 그 감각적이고 다양한 표현을 통해서 과연 그가 전달하려고 했던 정신과 가치, 미학은 독자들에게 어떻게 전달되었을까에 대한 초점으로 그의 시편들에 접근해 보자. 먼저 시대의 정신과 미의식에 총체적으로 접근한 제1부의 작품들부터 순서대로 읽다 보면 그의 편집 의도를 만날 수 있을 것이다.

작은 새의 부리와 어부의 신발 한 짝
죽기로 작정한 어린 어미 어금니를
암매미 날개와 함께 도가니에 끓이는 밤

기울어진 마당으로 흘러내린 그늘과
댓돌에 걸터앉은 슬픔이 가증스러울 때
풍랑에 물 위를 걸은 그가 카시오페아를 건너왔다

산산이 조각난 나비의 잔상 깊이
벚꽃 잎 살점을 몇 개 더 집어넣자
물처럼 녹아드는 애간장 봄은 더 서러워졌다
-「봄밤의 연금술」 전문

 제목에서부터 '봄밤'이라는 적시된 시간과 공간에다 '연금술'이라는 초월적, 신비주의적 세계관을 접목한 이번 시조집의 표제 작품이다. 흔히 연금술이란 사전적인 의미는 '철이나 구리 따위의 비금속을 금이나 은과 같은 귀금속으로 변환시키고자 했던 화학 기술로 고대에서 중세 유럽에서 널리 유행하였던 사조'로 이해된다. 현대 과학 상식으로는 설명이 어렵지만 그러한 풍조가 엄청난 화학의 발전을 이끌었다는 사실은 또 다른 아이러니라 할 것이다.
 제목의 연금술이라는 제시어에 보조를 맞추듯이 여기에는 긴장하지 않으면 자칫 길을 잃어버릴 정도로 감각을 자극하는 물상들을 혼재시키고 있다. 시작부터 "작은 새의 부리와 어부의 신발 한 짝"으로 시작하는 암담하고 쓸쓸한 정황의 비장미를 유도하여 "암매미 날개와 함께 도가니에 끓이는 밤"으로 첫 수를 마무리하고 있다. 많은 분량의 서사와 서술을

생략하고 함축하여 문장상으로는 호흡이 지워진 듯한 반추상적 구성미를 지향한 것이다. 가정적 유추가 아니라 확정적 사실의 복기와 같은 은유는 둘째 수에서도 그대로 이어진다. "기울어진 마당으로 흘러내린 그늘과/ 댓돌에 걸터앉은 슬픔이 가증스러울" 테지만 희망에 대한 확신을 버리지 않는다면 "풍랑에 물 위를 걸"어나오는 "그"를 만나게 된다. 봄이며 밤이기 때문에 가질 수 있는 무한한 기대이며 희망의 영역이다.

 아무리 힘겨운 겨울이었다 할지라도 이제 봄이 오고 또 환상적 기대치가 높은 밤이라면 옹춘마니 이 기회를 절망으로 버릴 수야 없지 않겠는가. 종내에는 "벚꽃 잎 살점 몇 개"가 구리를 금으로 바꾸는 일에 나선 것이다. 하지만 "물처럼 녹아드는 애간장 봄은" 과연 금을 가져다줄 것인가. '희망 고문'이라는 말이 있다. 무엇이든지 수학적 계산으로 귀결되지 않는 오늘의 세상살이임에랴. 결국, 이 시조는 화자에게 봄밤이 있어 "더 서러워졌다"라는 탄식으로 희망과 실망의 균형추를 평형으로 재설정해 두고 있다.

저무는 쪽빛을 보듬고 산 적 있다
가슴안의 솔기를 두들겨 앉힌 그 죄
자궁 속 거푸집 자리에 마름하던 나이 즈음

고생대 골짜기를 우렁우렁 훑치다
몇 십 년 간직해온 뒤꿈치를 바친 여자
주름진 기억의 강에 노둣돌이 되려는가

두들겨야 살아나는 매조키즘 배꼽 아래
삼베 한 필 다 건너도 닿지 않는 살 소리여
창백한 처용의 댓돌 위 가로누운 신발 한 짝
-「다듬잇돌」 전문

 이 작품에서도 제목 「다듬잇돌」에서 연상되는 보편적 이미지를 초월하여 무량한 시간과 공간을 포맷함으로써 이야기의 압축과 긴장을 확장하고 있음을 볼 수 있다. 다듬잇돌이 지닌 이미지는 전통의 복식문화에 있어서 피지배계층이 감당해야 하는 노역이면서 아울러 대다수 가정에서 받들었던 숙명적 고통의 정서를 포괄하고 있다. 그만큼 오랜 기간의 역사성을 지녔을 뿐만 아니라 이 땅의 전통에 잇대어 살던 여인에의 삶이 켜켜이 쌓여 있는 이름이다.

화자는 이 작품에서 체험적 가치를 집적해서 전달하는 시각에서 각도를 달리하여 '다듬잇돌'이 품고 있는 정체성에 접근하여 깊고 넓은 함의를 다룸으로써 미학적 접근을 시도하고 있다. "저무는 쪽빛을 보듬고 산 적 있다"는 도입부에서 느낄 수 있듯이 매우 연역적 논지를 앞세우고 단계적으로 그 이유를 예시함으로써 보다 강력한 전달력을 선택한 것이다. "저무는" 시간이 갖는 느낌과 "쪽빛을 보듬"어 "가슴안의 솔기를 두들겨 앉힌 그 죄"를 갚으면서 살아온 이 땅의 여인네들의 애환이 마치 잘린 필름처럼 이어져 있다.

둘째 수에서는 피할 수 없는 환경과 삶의 의지와 슬기로운 노역은 결국 "몇 십 년 간직해온 뒤꿈치를 바"쳐서 "주름진 기억의 강에 노둣돌이" 될 수밖에 없는 여자의 운명이었는지를 되묻게 한다. 그러면서도 "두들겨야 살아나"고 맞아야 일어나는 "매조키즘 배꼽 아래"의 삶의 질곡을 건너는 일은 비록 "창백한 처용의 댓돌 위 가로누운 신발 한 짝"일망정 거룩한 헌신이며 아름다운 절망이 아니냐는 셋째 수로 마무리하고 있다.

다만 체험으로 공유할 수 없는 많은 서사를 함축함으로써 행간의 낯선 장면이 연출되었으나 앞으로의 작업 속에서 공감의 속도를 줄일 수 있도록 시조다운 정제미와 완결미로 보완될 것으로 보인다.

여기 정진희의 소신 가치를 짐작하게 하는 또 하나의 시편이 있다.

    몇 벌의 여자를 껴입어도 추웠어.
    목덜미 들어서면 겹겹이 잠긴 문이
    꽃들의 경첩을 뜯고
    비늘을 드러냈어

    껍질 속 붉은 것을 신음으로 틀어막고
    늪처럼 몸이 울었어, 깊이깊이 짓물렀어
    울음을 베어낸 자리
    배꼽이 떠다녔어

    설익은 눈 속을 사다리로 내려갔어.
    손톱을 물어뜯는 똬리 튼 내 길이
    물 푸른 무늬를 찍었어
    유혈목이 화인이었어

―「꽃뱀 문장紋章」 전문

 이 작품은 '―천경자 생각'이라는 부제를 달고 있다. 20세기 한국을 대표하는 여성화가 천경자의 초창기 〈뱀 그림, 화사花蛇〉의 작의와 작가적 세계관을 탐구하고 재구성한 작품이다.

 앞의 작품들과는 달리 여기서는 화자의 독백체로 감정에 스민 피사체를 묘사함으로써 보다 감각적인 접근을 시도하였다. 이 〈화사〉를 그리기까지 천경자가 겪어온 시간은 암울하던 시대 상황보다도 더 기구하면서도 운명적인 서사를 품고 있었다. 실패한 사랑을 반전시킬 방편으로 선택한 화폭 속 뱀의 등장은 결코 자신의 처지와 비견해 적잖은 동질감을 불러일으킨 까닭이다. 그러한 상황을 이 작품에서는 배경으로 담고 있다.

 정진희 시편의 특징 가운데 하나가 도입부를 장악하는 강한 논지라 할 것이다. 여기서도 "몇 벌의 여자를 껴입어도 추웠어"로 시작하는 도입부에서부터 많은 암시를 유추하게 한다. 이어진 "목덜미 들어서면 겹겹이 잠긴 문이// 꽃들의 경첩을 뜯고/ 비늘을 드러냈어"로 마무리된 첫수는 무림武林의 단도직입

적인 고수의 솜씨와 다를 바 없다. 시조나 시가 음악의 청각과 미술의 시각과 달리 보고 느껴야 하는 시지각視知覺의 오랜 독해와 문해의 과정을 통해서 완독이 가능한 장르라는 점을 감안하면 그가 지향하는 은유는 깊고 넓은 공간을 갖고 있다.

이어지는 둘째 수의 "늪처럼 몸이 울었어, 깊이깊이 짓물렀어"에서의 자의식과 "울음을 베어낸 자리/배꼽이 떠다녔어"가 독백하는 슬픔의 깊이와 "손톱을 물어뜯는 따리 튼 내 길이" 거역할 수 없는 "유혈목이 화인"이라면 흔쾌히 받아들이리라는 각오로 마무리하고 있다. 천경자가 한국의 근대를 대표하는 화가로 자리매김하기까지 '유혈목이'를 끌어안고 작가의 기질을 살려 나간 초발심에 올리는 헌사가 아니랴 생각된다.

3

제2부에 편집한 시조들은 대부분 꽃을 소재로 한 작품들이다. 흔하고 다양한 물상이기도 하지만 시각적으로 자극이 수반되기 때문에 시의 소재로 가장 많이 오르기는 하지만 또 그만큼 시로서의 변별력을 갖추기가 어려운 것도 사실이다. 어쩌면 시인의 탐

구력이라든가 시적 상상력의 깊이를 가늠하는 데 가장 쉬운 잣대가 되기도 하는 소재일는지 모른다.

    내 오랜 울음 깊이 내시경을 밀어 넣자

    한 널벅지 자리 잡은 꽃 자줏빛 굳은살

    사느라 밀쳐두었던 그 사람도 있었네

    바늘 같은 시선들이 온몸을 헤집을 때

    구멍 난 내 귀 자꾸 쇳물처럼 울어대고

    그런 날 손톱을 세워 절벽을 뜯어냈던가

    살이라 부르지 않고 몸이라 부르는

    낭떠러지 중간쯤 아슬아슬 걸린 그 집

한 생이 통째로 붉어 잠 하나 이룰 수 없네
-「모란」 전문

시인이라면 누구나 한 번쯤은 써보게 되는 매우 흔한 꽃 가운데서도 가장 많이 접근해 보는 '모란'이다. 그러나 여기서는 쉽사리 우리들의 기억 속에서 짐작되는 예의 그 모란이 아니다. 비교적 시적 재구성이라는 제시어를 가지고 접근해도 전통적인 '부귀富貴'를 상징하는 꽃이 지녔던 이미지는 찾을 수가 없다. 김영랑이 노래했던 모란의 이미지도 찾을 수 없고 조선 민화에서 보았던 궁중의 화려한 영화榮華 또한 만날 수가 없다. 오로지 정진희만의 시각으로, 정진희만의 진단으로, 정진희만의 모란을 행간에 올린 것이다.

그 까닭은 "오랜 울음 깊이 내시경을 밀어 넣"고 관찰하였기 때문이다. 그것도 청진기 같은 기계장치를 통하지 않고 심미안審美眼이라는 형이상적 잣대로 가늠하고 관찰과 사색을 거쳤으니 그 특유의 화려한 외장을 찾을 수가 없기 마련이다. 그러니 "한 널벅지 자리 잡은 꽃 자줏빛 굳은살"이 보이고 "사느라 밀쳐두었던 그 사람도" 만날 수가 있는 것이다.

그런데 화자는 지금 그 외모가 숨겨둔 내면의 실상들에 초점을 맞춘다. "바늘 같은 시선들이 온몸을 헤집"는 일반적인 가치의 혼동 속에서 "구멍 난 내 귀 자꾸 쇳물처럼 울어대"지만 "손톱을 세워 절벽을 뜯어"내지 못하고 자기 보호에만 매몰되지 않았던가. 화려한 외양에 가려진 존재의 절실함이야 모란이라고 왜 없었을까.

그렇게 생명이 지닌 존재의 미학은 절대가치를 지닌다. 하지만 그것을 바라보는 이의 시각과 방향에 따라서 "살이라 부르지 않고 몸이라 부르는/ 낭떠러지 중간쯤 아슬아슬 걸"려 "한 생이 통째로 붉어 잠 하나 이룰 수 없"이 자상에서 지워진다. 화려하기로 정평이 난 모란의 경우는 훨씬 더 이율배반적이다. 흔하디흔한 꽃을 통해서 이토록 깊은 사색과 사유를 통해 찾아낸 성찰이 깊은 여운을 준다.

희끗한 마음 하나둘
네게 가 닿는 저녁

바람의 등뼈를
붙들고 일어서는

다 저문 사랑 하나가

귀 바짝 세우는 중

―「억새 · 1」

　이번 시집에는 대부분이 연시조로 구성되어 있다. 그런 가운데서 시조의 본령이라는 단형시조 한 편을 눈여겨보았다. 가을이라는 계절의 이미지와 억새라는 서정성 짙은 물상을 통해서 "바람의 등뼈를/ 붙들고 일어서는" 의지 앞에 "다 저문 사랑 하나가/ 귀 바짝 세우는 중"인 현상적 자아를 중첩시켜 삶의 애착과 실천 의지를 노래하고 있다.

　단형시조에서 우리가 유념할 부분은 각 장별로 독자적인 역할이 배분되어 있다는 점이다. 고시조를 통해서 확인할 수 있는 시조의 차별화된 구성미를 보면 메시지를 반전적으로 응축한 종장의 완성을 위해 중장에서 자체적으로 문제를 제기하고 초장에서는 그런 문제를 제기할 수밖에 없는 상황을 배치, 활용하는 구조다. 결론적으로 말하자면 종장의 메시지를 효과적으로 전달하기 위해서 초장과 중장의 역할과 기능이 부과되어 있다는 말이 된다. 이런 질서는 현대시조가 새로운 지평을 확보하기 위한 소중한 길라잡이가 될 것이다.

> 봉인이 풀린 편지 도착한 만경다리
> 두 번째 나팔 소리가 강물에 풀어지고
> 제 살을 겨누던 날에
> 항상 한발 늦던 나는
>
> 다리 위 별 내려와 세상에 부딪힐 때도
> 지척의 시간이 사라지곤 했을 때도
> 끝내는 결정 못 하던
> 장애들이 매달렸다
>
> 엿가락 휘어지듯 갈피 없는 기억 저편
> 노랗게 새겨 넣은 거룩한 이름이
> 온몸을 덜컹거리며
> 눈물 속을 지나갔다
>
> *윤흥길의 단편 「기억 속의 들꽃」. 세상에 없는 해바라기 닮은 노란꽃. 만경강 다리에 피어있던 꽃.
>
> ―「쥐바라숭꽃*」 전문

쥐바라숭꽃을 보고 난 뒤 윤흥길 소설가의 「기억 속의 들꽃」을 읽었는지, 아니면 소설을 먼저 읽고 난 뒤 그 꽃을 기억해 냈는지는 불투명하지만 '꽃'을 소재로 다룬 작품이면서도 여기서는 독후감의 성격을 띤다. 사실 쥐바라숭꽃은 사전적 명칭이 아니다. 해바라기 순에서 피는 꽃을 지역별로 그렇게 부르기도 한다는데, 아무튼 여기서는 그 명칭이나 학명이 중요하지 않다. 어차피 소설에 나오는 문학적 표현을 인용한 것이기 때문이다.

시의 전개 과정에서의 작의를 이해하기 위해서 소설의 기본 줄거리를 일별할 필요가 있다. 전체적으로 요약하자면 일제강점기의 현실과 개인적 체험을 바탕으로 어린 시절의 기억과 그것이 남긴 개인적인 상처와 민족적인 상처를 함께 다룬 작품이겠는데, 여기에서 다뤄지는 들꽃 쥐바라숭꽃은 다시는 돌아갈 수 없는 어린 날의 상징이다. 다만 그 들꽃들과 얽힌 추억을 회상하면서 오늘의 상실감과 아픔을 성찰하자는 메시지로 이뤄져 있다.

시의 전개 과정에서 등장하는 "만경다리", "두 번째 나팔 소리", "제 살을 겨누던 날", "항상 한발 늦던 나", "끝내는 결정 못 하던/ 장애들", "갈피 없는 기억 저편" 기억의 조각들이 "온몸을 덜컹거리며/ 눈물 속을 지나"간 아픈 시간을 증언하고 있다. 꽃을 통한 아픈 역사의 속살을 만난 것이다.

4

제3부에 모인 작품들은 민족문화를 이끌어온 문화재나 유적, 유물들로 구성된 역사의 현장이 중심이다. 물론 역사적인 문화재라고 해서 그에 관한 관심이 곧 애국이라는 이름으로 더 나은 평가를 받는 것은 아니다. 오히려 너무 많이 노출되었고 여러모로 다루어진 소재의 진부함이 성과를 반감시키는 경우도 허다하다. 다만 다양한 시대를 배경으로 한 대상이 갖는 시대정신이나 미의식을 이해하고 현실적인 계승책이나 가치지향의 안목을 확인할 수 있다는 점에서는 의미를 지니게 된다.

결정 장애 탓일 거야
루비콘강을 두고
건너가지 못하는 건 날이 좋지 않아서야
어젯밤 내 귀에 꽂은 달콤한 거짓말

올 거야 말 거야
들바람이 채근 대다
목 짧은 남자의 갓 위로 올라설 때
내 안을 꿰뚫는 떨림에 닿았어, 분명했어

가까이 오지 마
다시는 사랑하지 마
돌옷이 찢겼을까 젖어있는 손톱자국
창백한 조선낫 하나 그 여자의 눈빛 같은
―「고도리 석불입상*」 전문

이 작품에는 '*고도리 석불입상 : 익산 왕궁리 유적'이라는 주가 붙어 있다. 보물 45호로 지정된 신라 통일기의 거대한 석불입상으로 지금은 들판 한가운데 서 있어 사찰이 훼손된 이후에는 불교적 신앙의 대상으로 해야 할 역할 못지않게 농사의 풍요를 기원하고 마을의 안녕을 기원하는 민간 신앙적 기능을 수행한 것으로 전해진다.

화자는 이 불상이 지닌 원만한 미소와 당당한 체구, 조화로운 조각미에서 유추할 수 있는 가상의 세계를 설정하고 상상을 통한 허구가 지닌 무한 자유를 만끽하고 있다.

익산에 있는 신라 석불 하나를 두고 '루비콘강'까지 끌어들이면서 관심의 초점을 다양화하면서 시작하는 작의의 배경에는 탑이라는 기원과 소망의 잔존물을 대하는 시각의 다양성을 표현하기 위함이다. 그 어떤 신앙적 메시지도 실상으로서의 절대적 가치를 지니지 못한다고 보았을 때 그것은 그대로 "어젯밤 내 귀에 꽂은 달콤한 거짓말"에 지나지 않는다. 물상의 외양이 주는 선입견으로 평가하고 가치를 규정하는 시대적 기준에서 역설적으로 치환하면 그 불상의 "목 짧은 남자의 갓 위로 올라설 때/ 내 안을 꿰뚫는 떨림에 닿았"던 "분명했"던 확신도 오류라고 말할 수 없다. 철저히 이미지만 차용하여 전혀 다른 석불상의 생명력을 이입하는 것이다.

그리고 마침내 "가까이 오지 마/ 다시는 사랑하지 마"라고 사람과 돌부처 간의 경계를 지우지만" 이미 거기에는 "젖어있는 손톱자국"과 "그 여자의 눈빛 같은" "창백한 조선낫 하나"로 막이 내린 다음이다. 절절한 갈망의 수단으로 삼은 그 어떤 역사적 상징물도 그 자체로서의 절대적 실상은 아니라는 점이 메시지로 남는 작품이다.

젖무덤을 파고드는 탱탱한 달의 냄새
야무진 입술 모양 오물대는 어린것이
내 자궁 오래된 여자를 흔들어 깨운다

배꼽을 두드리는 다급했던 순간들
걸어 잠근 돌벽 위 긁힌 자국 선명한
자신을 불이라 여겼던 여자가 식어간 방

석창포 모스부호 내가 받은 신호들
태아와 부장됐을 저 어미가 보낸 것일까
애간장 끊어졌는지 몹시 굽은 뼈 한 조각
-「곡옥」 전문

  곡옥은 고대 왕실을 중심으로 사용하던 반달 모양이나 갈고리 모양으로 만든 청옥, 수정 등으로 만든 장신구를 일컫는다. 대체로 두꺼운 쪽 아래에 구멍을 뚫어 목걸이나 왕관을 장식하는 관식冠飾으로 권위를 나타내는 수단으로 활용하였다. 생긴 모양에서 유추하여 태어나 씨앗의 상징으로 읽었으며 하늘과 땅을 이어주는 신성한 부적의 역할을 대신한다고 믿었다.

  이 작품에서도 시인은 태아와 같은 생명의 근원으로 이해하였고 그 믿음에 대한 형이상적 서사敍事를 추적하고 있다. 하지만 상식적이고 논리적인 시각만으로는 이 「곡옥」을 통해서 시인이 전하려는 가치의 색상조차 파악하기가 쉽지 않다. 과연 누가 '곡옥'을 보면서 "젖무덤을 파고드는 탱탱한 달의 냄새"를 맡을 수 있으며 "야무진 입술 모양 오물대는 어린 것"을 볼 수 있단 말인가. 더욱이 "내 자궁 오래된 여자를 흔들어 깨"우는 환상과 만날 수 있으랴.

  바람이 없이도 흔들리며 중심을 찾아 나가는 곡옥을 보면서 어떻게 "배꼽을 두드리는 다급했던 순간"과 "불이라 여겼던 여자가 식어간 방"을 짐작하며 "태아와 부장됐을 저 어미가 보낸" "굽은 뼈 한 조각"에 상상이 닿을 수 있겠는가. 하나같이 정신으로 갈구한 이상적 가치와 시간이 결론지어 주는 실상과의 차이에서 사람들이 취하는 행동에 긍정과 부정에의 중립적 성찰이 이 작품의 메시지라 하겠다.

  이는 철저한 관찰과 사색을 통한 차별적 존재감과 그 정체성을 뚫고 들어가는 심오한 사색, 그리고 통찰을 겨냥한 사유의 번다한 되새김 끝에 만난 정진희만의 창조적 건국이다.

5

정진희 시조 작법에서 읽을 수 있는 가장 큰 특징의 하나는 모든 사물을 그 사물의 외형이나 본디 모습에 착안하지 않고 그만이 정해둔 연구와 분석의 방법적 대상으로 삼는다는 점이다. 그것은 비단 사물이 아니라 사건일지라도 마찬가지이고 4부에 배열한 생활 일상에서의 소재들도 마찬가지다. 이는 분명 개성이고 긍정적인 발상이자 시 정신과도 직결된다. 물론 여기에 대한 성과는 각기 다를 수 있겠지만 분명한 것은 이러한 주관적 접근 방법이 지닌 차별성을 어떻게 독자들과 공유할 것인가의 문제 또한 앞으로의 과제가 아닐 수 없다.

사압하고 부르자 살 깊이 파고든 손
욕망을 파내고 수국을 심어주던
그 여름 황폐해져 갈 때
내게 온 말씀 같았다

빌라도는 손을 씻고 나는 삽질을 한다

작은 키 오그라든, 딸 가진 일급죄인

자루가 부러지고 나서야

삽을 놓은 아버지

발목까지 다 드러난 내 마음의 등성이를

그늘을 엮어지고 골고다처럼 오르시다

다 닳은 삽날 같은 눈빛

능선 환히 밝히신다

―「삽」 전문

'삽'은 여기서 욕망의 자루를 메워주는 수단이며 그 욕망의 노역을 묵묵히 처리해 주는 아버지의 대체물이다. 그와 동시에 미처 깨닫지 못했던 아버지의 시름과 고독, 사랑을 이해해 가는 과정에 초점을 맞추고 있다. 이를테면 도입부의 "'사압'하고 부르자 살 속 깊이 파고든 손"을 치환하여 "'아버지'하고 부르자 살 속 깊이 파고든 손"으로 바꾸어 읽어보자. 완벽하게 하나가 됨을 알 수 있다. 나의 부질없는 "욕망을 파내고 수국을 심어주던" 든든한 믿음의 중심이었다. 그런데 그 소망이 삭아들 무렵인 "그 여름 황폐해져 갈 때" 그냥 쓰러진 하나의 초개나 넝마가 아니라 "내게 온 말씀 같"은 '삽'이었던 것이다.

 그러나 그 같은 "말씀"에 이르게 한 "자루가 부러지고 나서야/ 삽을 놓은 아버지" 앞에 서기까지는 "나는 삽질을" 할 뿐 아버지가 "작은 키 오그라든, 딸 가진 일급죄인"인 줄 몰랐다. 삽은 그냥 삽의 역할을, 아버지는 그냥 아버지의 역할만 하면 그만, 굳이 깊숙이 엮이고 싶은 생각이 없었기 때문이다. 그저 맡겨진 배역처럼 삽으로서, 아버지로서의 충실한 역할을 다할 뿐, 나는 다만 한 사람의 관람자인 줄 알았던 것이다. "발목까지 다 드러난 내 마음의 등성이를/ 그늘을 엮어지고 골고다처럼 오르시다"가 끝내는 부러지고 말지만 "다 닳은 삽날 같은 눈빛"으로 서로를 이어준 인연의 "능선 환히 밝히신" 아버지였다고 독백을 한다.

 문장의 보편적 기능을 교직하여 시적 긴장을 한껏 끌어올려 두었기에 이처럼 접근해 보면 깊은 은유에 감추고자 한 작의가 선명해지는 가편이다.

> 시간이 저 남자를 축냈을 것이다
> 좀먹어 부스러진 어깨에 올라타
> 허리를 구겨버리고 머리칼을 뽑았을 테지

바람만이 아니었나 자신을 깎아낸 것
꽉 움켜쥔 모래 세상, 절대 고독 그림자가
등짝을 훑어 내리고 힘줄을 벗겨냈을까?

꺼질 듯 희미한 눈 발끝을 감싸 쥐고
거미줄 엉킨 몸속 어둑어둑 짚어간다
다 닳아 얼개로 남은 아! 구름보다 가벼운 집

*고흐의 최근 발견 작품 [닳아빠진 것을 위한 연구]
―「닳아빠진 것을 위한 연구」전문

 빈센트 반 고흐(Vincent van Gogh)가 1882년경 그린 연필 소묘「닳아빠진 것을 위한 연습, Study for 'Worn Out'」이 2021년 반 고흐박물관의 연구, 감정을 거쳐 공식적으로 반 고흐의 작품으로 발표한 바가 있다. 시인은 막다른 의자에 앉아 머리를 감싼, 초라한 몰골의 노인을 그린 이「닳아빠진 것을 위한 연습」의 톺아 읽기를 시도하고 있다. 여기서 중요한 관점은 '왜' 이 그림을 그렸는가에 관한 작의作意를 쫓아가는 일이다. 반 고흐의 시대 일기와 소통의 차별성에 대해서는 이미 잘 알려져 있으되 베일에 감춰져 온 이 그림을 특별히 선택한 이면에는 공감의 가치를 발견한 까닭이 있다고 보았기 때문이다.

여기서도 그림 속의 노인과 파란만장한 삶으로 일관한 반 고흐를 하나로 파악하고 있다. 말하자면 반 고흐를 만난 것이다. 그러기에 "시간이 지 남자를 축냈을 것"으로 믿었고 "좀먹어 부스러진 어깨에 올라타/ 허리를 구겨버리고 머리칼을 뽑"혀진 노인은 바로 반 고흐였다. 둘째 수에서도 이 시각이 그대로 이어져 "절대 고독 그림자가/ 등짝을 훑어 내리고 힘줄을 벗겨냈을" 세상의 변두리에서 초라하게 시간을 증언하고 있다.

이는 비단 반 고흐만의 일이 아니다. 지상의 모든 사람, 시에서의 화자도 다르지 않다. 셋째 수에서 확인하였듯이 "꺼질 듯 희미한 눈 발끝을 감싸 쥐고/ 거미줄 엉킨 몸속 어둑어둑 짚어" 견뎌온 한 생애가 결국은 "구름보다 가벼운 집" 한 채로 남아서 소멸을 기다리지 않는가. 반 고흐의 생각과 시대 의식과 개성적인 드로잉을 빌리지만 궁극적으로는 우리네 삶에 부과된 보편적 과제의 극복 의지를 메시지로 하고 있다.

6

 오늘의 시조는 분명히 시대적으로 현대시조다. 의당 오늘의 시대정신과 미의식을 행간에 담아야 마땅하다. 고시조에서 음악을 떼어내는 대신 현대시조는 인쇄라는 시각적 접근을 선택하였지만 그렇다고 시조의 정체성이 바뀐 것은 아니다. 다만 그 인쇄에 의한 시각적인 접근 양태가 자유시의 외양과 유사하여서 거기에 길든 이들의 혼돈이 지금까지도 지속해서 부추겨지고 있을 따름이다. 시조를 써놓고 시조 아닌척하려는 어리석음이 지속하여 온 것이다.

 이런 관점에서 비록 일별에 지나지 않지만, 정진희의 시조는 지극히 단정한 시조 외양의 높은 품격을 지키고 있다. 부분적으로 문장의 연계 고리가 풀어져 메시지를 의도적으로 흩트리는 때도 있지만 내용의 다양성을 포괄하려는 의지로 읽었다. 사실 시조의 배행이나 외양이 난삽하게 자유시의 포치를 흉내 내어 자신도 걷잡을 수 없는 혼돈에 빠진 일부의 시조팔이의 모습에 실망하는 예도 적지 않다. 그런 점에서 정진희의 경우 우선 정연한 형식으로도 얼마나 자유롭고 감각적인 표현이 가능한지를 보여주고 있어 앞으로의 변모, 혹은 변환 과정 또한 주목되는 점이다.

　정진희의 이번 시조집에는 좀처럼 보기 어려운 감각적 언어의 조합과 사색을 통한 웅숭깊은 은유의 깊이가 돋보인다. 시의 매력적인 특징이 시공을 초월한 무한한 상상력을 바탕으로 탐구하여 확보한 개별적 가치 질서라고 보았을 때 정 시인은 신뢰할 만한 보법을 택하고 있다. 무엇보다도 다양한 시상을 기반으로, 직유로는 접근할 수 없는 깊은 은유로 모색과 실상에 접근하려는 자아 성찰의 미학을 추구한다는 점에서 '시조의 새로운 간척지 개발'이라는 기대를 하게 한다.

　이제 두 권의 시조집이니만큼 '무엇을, 왜, 어떻게 써서 최고의 완성도에 이르렀는가'라고 묻기에는 아직 이른 감이 없지 않다. 하지만 시조가 전통적으로 견지해 온 '사람과 자연과의 조화'를 기치로 장차 시대가 바라는 시조 미학을 정립하여 새로운 민족시의 흐름을 이끌 주인공으로 자리매김할 수 있기를 기대한다.